PIERRE-PAUL RUBENS

PIERRE-PAUL RUBENS

PAR

EMILE VERHAEREN

BRUXELLES
LIBRAIRIE NATIONALE D'ART ET D'HISTOIRE
G. VAN OEST & Cie

—

1910

PIERRE-PAUL RUBENS

L'œuvre de ce maître est une ode formidable à la joie. Cette ode que tout grand artiste compose à telles heures claires de son existence, que Dante imagine en couronnant sa *Divine Comédie* des cercles d'or du *Paradis*, que Shakespeare mêle sous forme de *féeries* à son théatre convulsif et sanglant, que Beethoven intercale dans sa tumultueuse et tragique *Symphonie*, lui, Rubens, la chante avec une allégresse et une force uniques, tout le long de sa vie. Voilà son miracle.

Avant lui, on n'aurait pu trouver, en toute l'histoire de l'art, un aussi triomphal prodige. Les notes hautes ne perdurent guère dans le chœur humain. Elles éclatent, s'apaisent, disparaissent ; Rubens les fit retenir sans fatigue aucune, indiscontinûment.

Et sa joie n'est point monotone. Elle est

d'une vie multiforme et merveilleuse. Elle enveloppe dans les réseaux de son chant toute douleur ; elle mêle à ses transports toutes les larmes et tous les sanglots; elle est l'âme humaine entière, bien que toujours elle soit la joie.

Que meure au Golgotha le Christ, que la Vierge et que saint Jean soient les témoins pathétiques de son agonie, que Madeleine, au pied du gros gibet brutal, pleure et se désespère, qu'importe ! Dans les lignes, dans les couleurs, dans la splendeur rouge des soleils couchants, dans les vêtements agités des personnages, dans les cheveux ardemment dénoués et tout à coup magnifiques, dans les étoffes de soie et d'or, dans les bras convulsés, dans les belles mains tendues et suppliantes qui toutes pourraient tenir, entre leurs doigts, des fleurs, dans la composition abondante, somptueuse, décorative, dans la vie prodigieuse éclatée au sein même de ce grand deuil, la joie s'affirme, manifeste ou voilée. Aucune note foncièrement douloureuse, aucun accord irrémédiablement funèbre ou sinistre ne se fait entendre. L'œuvre tout entière se déroule dans la pompe et le faste ; elle est un cortège de tableaux en route vers une cime de gloire que de puissants soleils éclairent sans s'éteindre jamais. Et cette joie n'est point une joie d'esprit, une joie raisonnée, une joie philosophique, mais bien une joie d'instinct, une joie sensuelle, une joie de Flamand naïf et violent. Elle s'épanouit comme une santé débordante, comme une jovialité énorme, comme — si l'on peut dire — un embonpoint d'idées et de sensations. Que parfois elle glisse jusqu'à la vulgarité, c'est possible. Le plus souvent, néanmoins, elle s'appuie sur la force et bondit jusqu'à l'art. Alors elle devient épique et grandiose et multiplie les chefs-d'œuvre inoubliables et sacrés.

Ainsi caractérisée, cette joie s'élargit jusqu'à rappeler la joie panique dont a frémi l'antiquité dionysiaque et dont les hymnes et les mystères nous font deviner la violence et la grandeur. Toute la nature, tous les instincts y collaborent, et c'est vraiment une surprise de voir en plein âge chrétien, en plein XVIIe siècle dévot, un peintre la ressusciter, avec la même ardeur qu'elle possédait il y a trois mille ans.

***

Rubens était un homme d'élégance et de beauté. Où qu'il se montrât, il imposait l'admiration. Il fut rapidement célèbre. Il travaillait sans aucune peine. Plus que nul autre il comprit qu'en art, tout est aisé ou impossible. Il formulait ce qu'il pensait sans se critiquer lui-même, sans enrayer jamais, par des scrupules, sa directe spontanéité. Il œuvrait comme l'enfant joue. Ses toiles colossales semblent faites sans effort. Toute esquisse s'agrandit en œuvre.

Il aimait sa race : ses dons les plus rares lui venaient d'elle. Il en aimait la bonhomie, la gourmandise, l'ardeur brutale et rouge. La Flandre, saignée et incendiée sous Philippe II, se reprenait à vivre quand même, malgré les coups de discipline qu'on lui donnait encore. Les festins, les cortèges, les fêtes, célébraient l'avènement des archiducs Albert et Isabelle. Le rire flamand scandait à nouveau le refrain des chansons et des rondes paysannes. Le peuple, aussi violent dans sa gaîté que profond et tenace dans ses revers, retrouvait en lui-même ce large cœur païen que tant de siècles de christianisme n'avaient réussi à étouffer et qui bat encore aujourd'hui, dans chaque son de cloche déchaînant, au long de l'Escaut, les Kermesses annuelles.

Pierre-Paul Rubens fut donc un homme sain, heureux, fécond, apparaissant à une époque où la race n'était plus pantelante et foulée sous la guerre. Si quelques exécutions ensanglantaient encore, ci et là, les Flandres, il ne les voyait pas. Il travaillait d'accord avec son temps et son pays, tandis que Rembrandt — ce suprême parmi les très grands — semblait un isolé. Les théories esthétiques de M. Taine peuvent capter en leurs mailles le génie de Rubens, celui de Rembrandt leur échappe. On dirait qu'il arrive d'une autre planète donner au monde un sens de beauté insoupçonnée. Son œuvre de clarté fulgurante et sombre éclate comme un météore ; celle de Rubens, au contraire, est attendue, elle continue ce que d'autres ont inauguré, soit en Flandre, soit en Italie ; elle est faite de souvenirs nombreux ; Michel-Ange et Titien l'effleurent, au début, de leur influence. Le seul rapprochement qui se peut établir entre Rembrandt et Rubens, c'est que tous les deux, grâce à la transcendance de leur génie, sont devenus des peintres universels.

Je viens de relire une série de lettres que signa Rubens. Ses correspondants ? Sustermans, Junius, du Quesnoy, Peiresc. L'homme complet qu'il était s'y dévoile tout entier. Les bruits de son siècle y bourdonnent comme en leurs ruches les abeilles. Il s'intéresse à tout. L'antiquité qu'il adore, il l'étudie en des statues, en des camées, en des médailles. Il est un latiniste habile, un déchiffreur patient de textes et d'inscriptions énigmatiques. Ses amis sont des humanistes très renseignés, des collectionneurs et des artistes.

Il est en quête de toute nouveauté. Une découverte le transporte et le rend haletant. Lui-même recherche ceux qui cherchent et qui découvrent. Il mande à Peiresc en août 1623 :

“ Je suis fort aise que vous ayez reçu le dessin du mouvement perpétuel, fait avec exactitude et dans l'intention de vous communiquer le véritable secret de cette invention. Quand vous serez en Provence, et lorsque vous en aurez fait l'épreuve, je m'engage, s'il ne réussit pas, à lever tous vos doutes. Peut-être (quoique je ne puisse encore l'affirmer tout à fait) obtiendrai-je de mon “ compère ” qu'il me fasse un instrument entier avec sa caisse, tout comme si je voulais l'avoir pour moi, dans mon petit atelier secret. Si je puis l'obtenir, je vous en ferai présent avec plaisir. ”

Ce passage éclaire d'un jour direct les préoccupations de science et d'invention qui hantaient Rubens, et le petit atelier secret dont il parle nous dévoile on ne sait quelles recherches personnelles que le maître pourrait avoir poursuivies.

Son cerveau nous apparaît donc comme une sorte de carrefour où toutes les nouvelles voies que la Renaissance avaient ouvertes, aboutissent. Il est lettré, archéologue, savant, philosophe.

Il se trempe dans la vraie atmosphère de son temps, dans ses courants, dans ses remous, si bien qu'un jour les rois feront appel à ses aptitudes universelles et l'enverront à travers les cours européennes avec le titre d'ambassadeur. Alors il deviendra le chevalier Rubens ; il apparaîtra dans sa nouvelle dignité parfaitement à l'aise et merveilleusement doué, comme en son atelier d'Anvers, devant ses toiles et ses modèles. Il charmera tout le monde ; il devinera d'instinct ce qu'il faut faire et dire. Il sera celui qu'on adule et qui triomphe ; mais rien, ni le succès ni la louange ne lui feront oublier qu'il est artiste avant tout. Aussi à ce grand d'Espagne qui lui demande s'il se distrait parfois à peindre, il répond qu'il est un peintre qui s'oublie parfois à n'être qu'un diplomate.

Son caractère est d'ailleurs aussi heureux et

bon qu'est heureuse et facile sa vie. Aucun revers. Sa femme, belle, lui donne des enfants clairs et beaux. Quand Isabelle Brandt sera morte, il épousera Hélène Fourment. Ses deux épouses et ses fils, devenus ses modèles familiers, feront l'ornement de ses toiles. C'est à travers eux et elles, c'est-à-dire à travers des êtres sans cesse observés et admirés, qu'il interprétera la Bible, les Évangiles, l'Antiquité. C'est par eux qu'il dotera d'intimité et de vie proche et chaude l'histoire et la légende, et qu'à jamais la froideur et la raideur seront bannies de ses évocations tragiques ou pastorales.

La haine, il ne la connaît point ; l'envie, il l'écrase sous son incessant triomphe ; la jalousie, elle ne peut l'atteindre.

Il est secourable avec largesse. Il cherche à rendre service. La bienveillance est sa règle de conduite. Il admire ses émules avec joie. Voici une de ses lettres à François Duquesnoy. Il l'envoie d'Anvers à Rome.

« Les louanges de votre statue de saint André, placée depuis peu dans l'église de Saint-Pierre, ont retenti jusqu'ici ; toute la Flandre et moi, en particulier, se réjouissent de vos succès et participent à votre réputation. Si je n'eusse été retenu par la goutte et par l'âge, qui me réduisent à l'inutilité, j'irais dans les lieux où vous êtes pour voir ce chef-d'œuvre moderne et admirer la perfection d'un si bel ouvrage. J'espère toujours avoir le plaisir de vous voir parmi nous et qu'un jour la Flandre, notre chère patrie, brillera d'un nouvel éclat par vos talents. Je voudrais bien que cela arrivât avant que mes yeux, encore ouverts pour admirer les merveilles de vos mains, fussent fermés à la lumière. "

L'unité la plus pure règne donc et dans son caractère et dans son art, et cette unité se résume en ce mot : bonheur. Quoi de plus naturel, alors, que son œuvre — comme nous l'avons dit — soit une œuvre de joie et que cette joie, amplifiée et multipliée par un cerveau de génie, grandisse au point que peu à peu elle devienne l'idée même qu'il se fait de la beauté. Quoi de plus naturel aussi que cette joie revienne à travers temps à ses origines et rencontre celle qui connut la Grèce primitive et qu'elle incarna dans Dyonisos ?

***

Tous les genres qu'un peintre peut aborder furent traités par Rubens : tableaux religieux, historiques, mythologiques ; portraits, paysages, scènes de genre. Que succinctement ce défilé innombrable fixe notre attention.

La plupart des peintres gothiques comprirent l'art catholique comme un culte déployé autour de la mort. L'instinct de vie qui emportait Rubens devait nécessairement l'éloigner d'une conception aussi endeuillée. Le Golgotha où expirait un Dieu, mais d'où surgissait un monde, devenait à ses yeux, non pas un lieu de supplice, mais une montagne de résurrection et de gloire. Le Christ, symbolisant la beauté nouvelle et la conscience humaine rajeunie et réveillée, ne se présentait à son esprit que revêtu de force et de splendeur. C'était le Dieu du Thabor ; et la

Vierge et surtout Madeleine n'étaient que l'humanité qui pleure, mais qui espère. Rubens n'a jamais peint la mort nue, et dans son œuvre je ne sache pas qu'apparaisse le squelette.

Voici donc de nombreuses crucifixions : celle du musée d'Anvers, celle du musée du Louvre. Voici la *Montée au Calvaire*, du musée de Bruxelles, voici l'*Érection de la croix*, de la cathédrale d'Anvers, voici, en différentes collections privées, une série de Christs, cloués sur le gibet, tandis qu'agonise derrière la montagne un énorme soleil sanglant.

De toutes ces *crucifixions*, celle du musée d'Anvers s'avère la plus émouvante. On la distingue des autres en la titrant *le Coup de lance*. Sur un horizon tumultueux, comme si là-bas se tordait un incendie, en compagnie des deux larrons convulsés et farouches, le corps du Christ dont seuls les pieds crispés trahissent la souffrance, se dresse, les bras en croix, la tête retombée sur la poitrine. Un bourreau le transperce d'un fer aigu. La Vierge s'éplore à côté de Saint Jean. Des chevaux piaffent. Un tumulte d'hommes d'armes et de tortionnaires s'agite. Des gens regardent et l'on distingue Jérusalem au loin. Toute cette scène funèbre est aussi mouvementée, aussi compacte et remuée que le serait une scène d'où la vie déborderait. Bien plus, celle qui devrait porter le grand deuil de l'amour, Madeleine, apparaît, sous ses larmes et ses cheveux torrentiels, une merveilleuse et opulente incarnation de la jeunesse, une large plante de soleil et d'ardeur, dont la seule présence nie et biffe toute foncière tristesse et instaure, malgré l'appareil de torture dressé, malgré le sang, malgré les cadavres, on ne sait quelle fête, au sein même de ce supplice. Ses vêtements de soie, sa chair sapide et rosée, ses yeux qui sourient en implorant, ses bras clairs et fermes détournent l'esprit des idées de mort et le poussent vers la vie. La douleur de la Vierge est plus mélodramatique que sincère ; on ne sent pas l'affre suprême en son sanglot. Oh ! que le *triptyque* de Metsys, exposé non loin du *Coup de lance*, crie avec une autre voix la souffrance, la torture et la fin d'un Dieu !

Dans le *Martyre de saint Liévin*, du musée de Bruxelles, l'horreur du drame se mue également en triomphe. Le pinceau violent et furieux du peintre s'exalte à enchevêtrer les lignes et à vivifier les tons et les couleurs si prodigieusement, qu'on dirait qu'une réjouissance y est décrite. La langue rouge, arrachée au martyr par un bourreau coiffé d'un écarlate bonnet, apparaît entre les tenailles qui l'enserrent, comme un magnifique joyau — corail ou rubis — et les étoffes d'or de la chasuble et les palmes vertes agitées dans le ciel, et les anges rieurs et grassouillets, et l'énorme cheval blanc cabré vers les nues, emportent, dans un vent de lyrisme et de vertige, toute angoisse et toute désolation. Encore une fois, ni la douleur vraie, ni le deuil n'existent pour Rubens. Il peint des corps drapés de belles étoffes, des poitrines, des bras clairs, des mains grasses et belles ; son art sue la vie, il ne comprend rien de ce qui n'est pas elle. Que sont ses *Jugements derniers* dressés aux murs du musée de Munich, sinon des cataractes de chair magnifique, des grappes d'hommes et de femmes accrochées ou dévalantes, des bouquets de mouvements fous tombant du ciel en une furie telle qu'on ne distingue pas les damnés des élus, et qu'au lieu de l'heure des représailles, c'est l'heure de la fécondité inlassablement rouge et débordante qui semble sonner. Même, jusque de la tête livide et convulsée de *Méduse*, la vie semble sortir. La chevelure de serpents est si terriblement vivante, qu'elle emporte l'idée d'effroi et de terreur et n'est plus qu'une vigne tordue avec des pierreries et des émaux.

Mais c'est particulièrement dans les épisodes sacrés d'où le triomphe n'est point banni, que l'art du maître s'exhalte. Oh ! l'admirable *Adoration des Mages*, du musée d'Anvers ! L'Enfant Jésus étendu sur la paille a l'air d'un bel amas de fruits gras et pulpeux que sa mère étale, avec orgueil. La terre riche et belle de la Flandre, ses soleils larges et fécondants, son idéal de force et de lumière transparaissent en cette œuvre maîtresse et le bœuf immense couché à l'avant-plan, près de la crèche, impose plus encore que les personnages ce souvenir agreste et puissant à l'esprit. Les rois mages sont des colosses. L'un d'eux, le nègre, drapé de satin vert, coiffé d'un turban compact et haut, les yeux concupiscents et allumés, domine de sa violence de luxe et d'instincts toute la scène et se carre largement au centre de la toile. Certes, viennent-ils de l'Orient, les bons rois mages, et leurs chameaux dont on aperçoit les têtes l'affirment, mais l'Orient d'où ils arrivent doit être, comme la Flandre, un pays de large existence repue et gourmande, tel que Rubens aimait à se figurer toute la terre.

La Vierge entourée d'anges, du Louvre, apparaît comme en une grotte de chair et c'est l'apothéose de la maternité, et c'est d'une animalité charmante et cela fleure le lait crémeux et frais. Des floraisons d'enfantelets dodus et comme macérés dans des roses et du beurre entourent la mère de leur patron Jésus; ils la coiffent d'une couronne, ils lui tendent des palmes, ils se bousculent, s'embrassent, regardent, admirent et jouent. Toute l'innocence nue et radieuse, toute la clarté et toute la gaieté de la fécondité et de la santé y brillent. Marie n'y apparaît plus comme une vierge, mais comme un symbole de la femme de Flandre, où la terre et les épouses sont inlassablement fertiles.

* * *

Quant Paul Rubens s'attaque à l'histoire, il y mêle l'influence des déesses et des dieux. C'était l'usage, en son temps, de recourir aux puissances mythologiques pour rehausser, par une intervention supérieure à celle des hommes, les actes solennels des reines et des rois. Jupiter, Junon, Mercure, Apollon règnent encore dans l'art, c'est-à-dire dans la fiction, depuis que le Christ, après les avoir chassés de la réalité, domine et maîtrise la vie. Dans l'histoire de Decius, à Vienne, dans les esquisses du plafond célébrant les gestes de Jacques Ier à

Withehall, dans la série magnifique dédiée au règne de Marie de Médicis à Paris, la même compréhension s'affirme.

Une des toiles de cette dernière série s'intitule *l'Olympe*; titre qu'on pourrait appliquer à l'œuvre entière. Les tableaux sont comme des dieux qui règnent autour de la grande salle. Une solennité d'art s'y célèbre, et l'on s'y croit appelé à inaugurer on ne sait quel culte de la splendeur. Ceux qui, jadis, au temps du wagnérisme naissant, pèlerinaient vers Bayreuth, éprouvaient cette même émotion religieuse en écoutant, dans un théâtre de choix, bruire et éclater le drame. Il me semble qu'un lieu aussi magnifique et aussi grand s'est ouvert, depuis que le Louvre s'est fait à lui-même l'honneur d'installer, comme il convient, l'admirable ensemble d'œuvres que Rubens peignit pour une reine de France.

En 1621, cette commande lui fut faite. Il avait alors quarante-quatre ans. Claude de Maugis, abbé de Saint-Ambroise, trésorier de de la reine, sur la recommandation du baron de Vicq, ministre des Flandres espagnoles, désigne Rubens comme le seul peintre capable d'orner dignement les parois des deux nouvelles galeries récemment construites au palais du Luxembourg. Jamais le maître n'était venu en France, ou tout au moins à Paris. On se mit immédiatement d'accord sur quatre sujets pour la première galerie que Marie de Médicis voulait se consacrer; l'autre galerie serait affectée à célébrer Henri IV. Cette dernière décoration resta toujours à l'état de projet.

L'œuvre de Rubens à la cour consista en esquisses nombreuses faites d'après nature. Arrivé à Paris le 11 janvier 1622, il rentre à Anvers le 4 mars. Le 10 mai, le plan général est fixé. Le 1er août, la reine adopte le projet d'ensemble.

Le 24 mai 1623, Rubens revient de Flandre avec neuf toiles. Marie de Médicis quitte Fontainebleau, les examine, les admire, les retient et lui en commande neuf autres pour février 1625. A la date fixée, le maître est à Paris, accompagné de son élève Justus van Egmont, afin de terminer la toile du *Couronne-*

ment, où de nombreux personnages de la cour apparaissent en vedette. L'inauguration de l'œuvre totale a lieu le 8 mai. Le 12 juin, Rubens et son disciple rentrent à Anvers.

Rarement, avec une rapidité plus impatiente, avec une sûreté plus impeccable, avec une aisance plus heureuse, travail d'art fut mené à bonne fin. Que d'inédits arrangements, que de nouvelles et originales mises en pages, que d'audaces de style et de disposition ! Elles sont loin les compositions sèchement symétriques auxquelles les grands italiens — surtout Léonard et Raphaël — obéissaient encore. La disposition en pyramide, en groupes se faisant régulièrement contrepoids, en lignes parallèles, n'est guère employée. Une liberté savante remplace ces procédés anciens. Dans le *Débarquement de Marie de Médicis*, dans le *Mariage de Henri IV* — le roi de France, vêtu en Jupiter, épouse une Junon florentine — une ligne diagonale formée, dans le premier sujet, par la rampe d'une passerelle, dans le second par un vide laissé parmi les acteurs du drame, coupe le sujet, contrairement à toute règle et ne produit néanmoins aucun heurt. Le centre de la toile, au lieu d'être peuplé plus que n'importe quelle partie, reste vide, dans *Henri IV confiant le gouvernement à la reine*. Dans *Henri IV recevant le portrait de Marie de Médecis*, la ligne d'arrangement sinue comme un S ; dans la *Conclusion de la Paix*, le temple est placé à gauche de la toile, et toute la disposition, grâce à l'énorme vide de droite, apparaît asymétrique. Dans la grande et magnifique page de *Couronnement de la reine*, l'importance donnée aux cardinaux de droite ferait chavirer toute l'ordonnance si, par un inouï miracle d'audace, Rubens ne la soutenait. Oh ! l'admirable cérémonie et combien elle vit et se solennise et se déploie avec abondance et grandeur ! Combien le *Sacre de Napoléon* par David paraît maigre et froid et étriqué à côté d'elle ! La masse rouge des cardinaux, qu'aucun autre peintre n'aurait osé imaginer et placer aussi en vedette, à l'avant-plan, fait valoir par son hardi contraste toute la gamme des couleurs grises, blanches et argentées du cortège royal !

Et quelle lumière légère et tranquille et combien le visage de la petite princesse se dessinant, moitié dans l'ombre, moitié dans la clarté, à côté de la reine, est à lui seul une merveille de distinction et de finesse française à la Clouet !

Telles toiles apparaissent comme des apothéoses dans la lumière et le soleil, telles autres s'affirment, massives et solennelles, telles encore avec leurs fleurs compactes, leurs tons ardents, leurs coins de chair ferme et rose se dressent, pareilles à d'opulentes et rouges natures mortes que les virtuoses de la palette flamande adoraient de peindre.

Je sais des tableaux mythologiques et légendaires de Rubens où, mieux que n'importe où, le fond de sa nature païenne s'est dévoilé. Déjà dans l'*Enlèvement des filles de Lysippe*, son amour de la belle vie libre et tumultueuse, de l'instinct lâché se surprend. Le groupe avec, en son milieu, son large ton de chair claire et dorée et le rejet en tous sens des bras des victimes et des têtes et des pattes des chevaux réalise superbement une scène de rapt et incarne à souhait l'idée de passion et de volupté. Mais c'est plus encore dans ses priapées et surtout dans ses *Cortèges de Silène* des musées de Berlin et de Munich que la force de sa foi se manifeste. Ici, la violence et la fougue s'étalent comme des eaux torrentueuses de fleuve, comme une galopée furieuse à travers les champs de la chair. Le dieu épais et compact, enflé d'ombre et de vin, est soulevé de terre et comme porté à travers l'univers par la sarabande des ægypans et des ménades, dont les uns soufflent en des flûtes, dont les autres s'enlacent et tendent des coupes. Et cette formidable et sensuelle randonnée bat de ses pas inégaux la terre, tandis qu'une bacchante renversée et soûle et lourdement animale laisse monter vers sa poitrine découverte les lèvres avides de très jeunes satyres. L'âge de Pan, l'âge lointain, immense, instinctif et violent du monde, revit tout entier en ce formidable poème. Il culbute toutes les barrières de la retenue et de la pudeur ; il s'affirme tragique et colossal ; il est une force de la nature qui passe ; il est au-delà du bien et du mal ; il est trop grand pour être jugé cynique. C'est grâce à de telles visions fixées sur la toile que Rubens, qui ne se distingue ni par la vigueur, ni par la grandeur des idées, ni par une philosophie stricte et directrice, s'apparente pourtant aux plus hauts des artistes qui fouillèrent le fond de l'humanité et lui firent proférer quelques-unes de ses paroles éternelles. Mais ce transport et ces brutalités de passion rouge ne lui sont que passagers. A côté de la chair fougueuse, il adore la chair belle et splendide, quoique grasse toujours. Dans la galerie Médicis, les syrènes et les déesses abondent. Il les peint pour le plaisir des yeux attentifs aux formes de la grâce et de la splendeur. Dans l'*Éducation de la reine*, le groupe des trois grâces réalise un ensemble de charme puéril et délicieux. Mais ce sont surtout les *Trois Grâces* du musée de Madrid, qui s'imposent triomphantes. Là, son art de bien peindre s'est comme mué en un miracle suprême. Mieux que partout ailleurs, il a choyé les lignes des dos et des épaules, la souplesse des membres et le ton admirable et lumineux de la chair au soleil. Imaginez les couleurs les plus chaudement dorées, les touches les plus ardentes et les plus imprégnées de lumière. Les ombres flottent autour des corps, s'y attardent, mais sans jamais s'alourdir en leurs creux. Ce sont des caresses données à de la clarté condensée.

***

Souvent, quand il portraiture sa femme, le maître se souvient des trois Grâces, si souvent peintes. L'image d'Hélène Fourment, au musée de Vienne, connue sous le titre *La petite pelisse*, n'est non moins merveilleuse de chair frissonnante et claire que celle des déesses et des nymphes. Tout le scrupule de la vérité la plus minutieusement observée (on remarque jusqu'à l'empreinte des jarretières à hauteur des genoux) ne diminue en rien l'étonnante beauté de ce nu splendide. Une *esquisse* du Louvre représente l'épouse du maître vêtue et tenant un enfant sur ses genoux. Nous voici en présence de la mère, et l'œuvre, quoique toute différente de celle de Vienne, n'en est pas moins *souveraine*. C'est une esquisse hors pair, à larges traits rapides et virgulants, en belles teintes jaunes et brunes, pareille à un bouquet de flammes d'or. La robe, le chapeau, la plume folle et légère sont d'une souplesse étonnante. Les coups de brosse vivifient la toile, et caractérisent le mouvement particulier de chaque objet et de chaque geste. Une telle ébauche est plus belle qu'une œuvre arrêtée et parfaite. Toute la haute virtuosité du peintre s'y trahit et rien de ce qu'il a fait n'est aussi près de la vie.

En ses portraits d'hommes, son art s'assagit. Certes, le *Levantin* du musée de Cassel, le *Docteur van Tulden* de la pinacothèque de Munich, l'*Homme inconnu* de la galerie Lichtenstein de Vienne, nous offrent des effigies étonnantes et superbes, mais l'image du *Baron de Vicq* au Louvre, et de l'*Archiduc Albert* ne s'imposent point avec la même autorité que presque tous ses portraits féminins. Rubens, tout comme Rembrandt, s'est plu à se peindre lui-même. On connaît le Rubens de Munich. Il s'y représente en compagnie de sa première femme Isabelle Brant. On admire aussi le Rubens de Windsor si magnifiquement grand seigneur. A Vienne, le maître déjà sexagénaire s'étudie en une effigie vraiment pathétique : œil calme et scrutateur, bouche détendue mais vive encore et chair déjà blanche que l'âge amollit. Toutefois jamais Rubens ne s'est comme Rembrandt, montré en habit d'atelier, vêtu d'une défroque et coiffé d'une vague toque graisseuse et sale. Il n'a point cette épique familiarité qui n'a peur ni de la laideur ni de la vulgarité. Pour cacher sa calvitie, il ne se présente jamais que le chapeau sur la tête.

*
* *

Chasses, idylles, scènes de ferme et de labour, champs, vallons, jardins de campagne, parcs de châteaux, rien de ce que le paysage lui pouvait fournir de clarté, de sol, d'eau, de verdure et de vent n'a été négligé. Et le voici qui peint les arbres formidables qui gisent, déracinés, tragiques, moignons coupés, branches tordues et sur lesquelles se livrent les combats étagés des chiens contre les sangliers traqués (*Chasses du musée de Dresde*). Et le voici qui déroule, à travers les terreaux et les prairies, les routes maraîchères que suivent les attelages et les troupeaux, et les vieilles paysannes portant des œufs en leurs paniers, et les meunières, accablant le dos de leurs ânes de la double charge, à droite et à gauche, des sacs bondés de grains (*l'Eté*, galerie de Windsor). Et les couples d'amants, bergère et berger, s'enlaçant au bord des fossés ou sur les tertres verts, tandis que paissent autour d'eux le groupe, marbré de cendre ou d'encre, des vaches pesantes et lourdes. (*Paysage* de la Pinacothèque de Munich). Et puis cet éclatant et emporté *Tournoi* du musée du Louvre, une de ses pages les plus riches de tons et de lignes ardentes où toute une furie armée est traduite, avec ses gestes étincelants.

Rubens paraît s'être délassé de ses grands

travaux en ces paysages tantôt calmes, tantôt farouches qui semblent être les œuvres " du bord de sa route ", mais à celui qui les examine de près, ils apparaissent cacher en eux de si réelles richesses d'art que Constable n'a eu qu'à y puiser, à larges mains, pour apparaître tel qu'un novateur et initier à la vraie compréhension de la nature les peintres anglais du commencement du XIXe siècle.

* * *

De tous ses sujets de genre, — car en vrai peintre du Nord qu'était Rubens les coutumes, les intérieurs, la vie quotidienne et intime ne pouvaient pas ne pas l'attirer, — le plus célèbre et le plus typique n'est autre que *la Kermesse* du Louvre. Sa fougue et sa force étaient évidemment trop brûlantes pour la comprendre et la dépeindre, posément et calmement, comme Teniers. Il fallait qu'il la rêvât violente et sensuelle, tout comme, jadis, il avait rêvé sensuel et violent *le Cortège de Silène.* Dans *la Kermesse* éclate le même formidable principe de joie. La sarabande moderne avec ses rustres et ses maritornes, avec ses enlacements et ses ivresses, semble également battre de ses pas inégaux la campagne et se dérouler à travers les villages comme les ménades et les ægipans antiques semblaient traverser le monde. Dans les deux scènes, la vulgarité, l'impudeur et le cynisme sont sauvés, grâce à on ne sait quelle ardeur épique et quelle jeunesse et quelle bonhomie dans la force que l'on ne rencontre, dans l'art entier, que chez le *Falstaff* de Shakespeare. Tous les vices : gourmandise, ivrognerie, luxure sont célébrés et chantés, en un hymne si bruyant qu'on en néglige les paroles, pour n'en écouter que la formidable musique. Il n'y a ni retenue, ni halte, ni sourdine. Elle éclate brutale, avec des coups de cymbales, des ronflements de cuivre, des bondissements de grosse-caisse, mais un tel art préside aux orages des sons, que nul à l'entendre n'oserait ne songer qu'aux détonations burlesques des orchestres de foire. *La Kermesse* demeure une magnifique page de vie et de folie mêlées, une exaltation admirable des instincts de la foule, une belle coulée de couleurs rouges et hardies à travers les prés verts jusqu'aux horizons bleus. Et la ligne sinueuse de la danse et les gestes déjetés, en tous sens, des danseurs inscrivent pour ainsi dire sur la toile l'idée tumultueuse qu'une fête de village éveille dans l'esprit.

A considérer le prodigieux amas de chefs-d'œuvre religieux, légendaires, historiques, fantastiques ou réels que la seule main de Rubens a tirés de l'inconnu, on le peut comparer à quelque force suprême qui récréerait le monde et le ferait tenir et vivre dans un emmêlement de courbes et un barriolage de tons non encore inventés. Son dessin n'est tributaire d'aucun canon, d'aucune formule. Il n'est point l'emprisonnement du mouvement dans une forme ; il est la fusion du mouvement dans l'espace. Il est toujours exact, s'il n'est point toujours précis ; il n'est pas un contour, il est une délimitation. Pour certains, la ligne isole un objet de l'ensemble des choses, pour Rubens, tout est à la fois en mouvement et toute ligne se marie avec sa voisine, si bien que la toile entière apparaît comme une torsion de flammes innombrables dans un brasier. Tout est à la fois distinct et fondu. Ce dessin, si éloigné de celui qu'on enseigne, est celui qu'adoptent tous les vrais peintres. Pour eux, la nature qu'ils voient dans ses relations, dans ses ensembles, dans ses compénétrations, ne fait point un sort spécial à telle ou telle de ses parties. La vie universelle court et bout dans tout, dans les choses aussi bien que dans l'homme, dans l'air, le vent qui passe, le ciel qui bouge, l'horizon qui change aussi bien que dans l'objet qui, à tel moment de pose, fixe surtout l'attention. Bien plus, tout mouvement emprisonné est un mouvement mort. L'immobilité pure n'existe pas. Elle est un concept de l'esprit. Toute statique est au fond dynamique. Au reste, la forme de Rubens est à tel point unie avec sa couleur qu'il est dangereux de l'en séparer. C'est cette dernière qui le charme et l'exalte, presque exclusivement. Sur un fond brunâtre ou gris, qui apparaît tel que le ton fondamental en musique, il projette les rouges, les verts, les jaunes, les bleus, les violets, toute la chanson des notes hautes ou graves, frêles ou appuyées, vives ou atténuées. Il se joue des difficultés orchestrales : il change, sans que jamais n'éclate une dissonance, les registres de son instrument ; il passe du ferme au fluide, de la clarté à l'ombre, de la force à la délicatesse, de l'emportement au calme, et c'est toujours, avec une aisance souveraine, qu'il satisfait le goût.

Certes, puise-t-il à pleines mains dans la réalité étalée devant lui, mais nul moins que lui n'en est l'esclave. Avant de chercher la couleur locale, la couleur constatée, la couleur authentique, il réalise d'instinct une harmonie; il transpose. Dans l'admirable tableau, *Atalante et Méléagre*, une symphonie de rouges et de verts s'accuse. De grandes masses d'arbres ployées, peignées et fouillées par le vent, forment un magnifique et compact décor à la chasse écarlate de l'amazone. Les vêtements, les chairs, les armes sonnent violemment dans ce tumulte. Mais outre ces tons de sang et de meurtre répandus sur les personnages, certaines racines d'arbre, telles touffes de feuilles, une patte de chien, un pli de terrain, un sentier, mille détails, que la stricte observance de la vérité marquerait d'un ton soit de terre, soit de rameau, deviennent, sous le pinceau du maître, des notes violettes ou rouges. Ainsi l'ensemble de l'œuvre oscillant entre ces deux fortes couleurs complémentaires, infiniment variées, mais partout présentes, triple la force de sa sonorité et de sa vie. Ce procédé que l'instinct de Rubens lui dicta, le rapproche fort des maîtres modernes. Chez eux comme chez lui, tout est sacrifié aux harmonies. L'ombre se sensibilise. Elle se colore et s'anime. Elle n'est point la chose morte et opaque que les peintres bolonais et même les hollandais affectionnaient. Qu'on examine la vie des ombres dans telles pages de la galerie Médicis. Immédiatement la surprise et le charme naîtront de les voir si légères, si mouvantes, si délicates. Avant que le sujet même intéresse, l'œil est flatté par la merveille et la fulguration des œuvres. Non seulement les couleurs les plus fortes s'équilibrent et s'épousent, mais il n'est pas jusqu'à la couleur d'or — écus qui tombent d'une corne d'abondance ou flammes qui s'échappent d'un flambeau — dont la violence et la crudité ne soient fondues dans l'ensemble. Au point de vue uniquement peintre, ceci est un inexplicable prodige. Et pourtant le voici patent dans le *Couronnement de Marie de Médicis* et l'*Echange des Princesses en l'île des faisans.* Nul donc avant Rubens, pas même les Titien, les Véronèse et les Tintoret, ne se sont aussi rapprochés de nos recherches et de nos préoccupations d'art contemporaines, et s'il est un maître vraiment moderne parmi les anciens, c'est lui assurément, lui et ses continuateurs, les Fragonard, les Boucher et les Watteau et plus tard, les Delacroix et les Renoir.

Son œuvre et sa technique examinées, sa vie large, ardente et sans cesse active touchée, on dessinerait à grands traits un jugement global en affirmant que, s'il n'est point le plus grand, du moins est-il le plus prodigieux des peintres. Comme Hercule entre dans la vie, il envahit l'art. Les travaux du dieu grec se comptent, les siens ne se peuvent nombrer. On en oubliera toujours, tellement sa fécondité fut large. Les catalogues précis, patients et méritoires auront beau serrer et comme endiguer ses travaux, ils ne le pourront contenir tout entier. Son œuvre déborde de partout. La mesure du plus grand effort est inférieure à sa mesure. Il ne travailla que quarante ans. Et ce qui demeure paraît être, non pas le fait d'un homme, mais d'une école entière.

Rubens est une génération à lui tout seul. Il eut à ses côtés Van Dyck et Jordaens. Crayer, Segers, Snyders, Fyt, Corneille de Vos illustrèrent Anvers en même temps. Ils sont tous de grands artistes : leurs noms s'éclairent de magnifiques et immortelles lueurs.

Néanmoins, on se demande ce qu'ils eussent atteint dans l'art, si Rubens ne leur avait montré la route des sommets. Tous ont marché par ses chemins. Tous ont regardé la vie du point où il la regardait lui-même. Il est dans les yeux de chacun d'eux, il est dans leur main, dans leur pensée. Il les a éveillés après leur avoir fait faire son rêve. Ce sont ses *Adorations*, ses *Crucifixions*, ses *Descentes de croix*, qu'ils peignent, légèrement modifiées ; ce sont ses décors cossus, ses paysages, ce sont ses ordonnances et ses mises en page qu'ils adoptent. Et cette influence violente et torrentielle se répandra dans l'art européen total, en France, en Angleterre, en Allemagne. Rubens, que l'art strictement officiel redoute, que Ingres proscrivait pour n'exalter que Raphaël, eut néanmoins, en un sens opposé, une action aussi profonde et durable que le grand Italien. Ce sont les deux aimants, l'un positif, l'autre négatif, qui tiennent entre leurs deux pôles l'art tout entier, brûlant et embrasé...

Il traduit son pays, mais de manière si large, que c'est l'humanité entière qu'il découvre dans la Flandre. Il ne particularise jamais au point que son art rejette la généralité et la synthèse. Bien au contraire, il laisse ce rétrécissement aux petits maîtres du Nord. Lui, il est le Flamand qui s'est fait Européen. Il voyage en France, en Italie, en Angleterre, en Espagne. Ces déplacements sont, du reste, une caractéristique des grands peintres de sa race. Van Eyck fut, comme lui, hélé par les horizons. Il poussa jusqu'à Grenade et séjourna, dit-on, à la cour des rois maures.

Dans une rue solennelle de sa cité, près de l'actuelle place de Meir, Rubens se fit bâtir un palais. L'ordonnance en est large et fastueuse: colonnades, salles hautes, jardins taillés en architectures symétriques. Il y vécut longtemps; il y travaillait entouré d'élèves et d'admirateurs. Sa vie fut seigneuriale; il se plaisait dans le faste. On le voyait quotidiennement, en guise de délassement, faire sa promenade équestre autour des remparts. Ses deux femmes étaient aussi belles que des déesses et grandissaient l'une après l'autre de leur beauté ardente, le séjour noble qu'il s'était choisi.

La mort le surprit, l'esprit encore magnifique et intact. Jusque dans ses derniers travaux l'ascension continue de sa force se prouve. Chaque œuvre terminée lui est un tremplin pour bondir vers une œuvre encore plus haute.

Non loin de sa demeure s'élève l'église de Saint-Jacques avec sa grande tour carrée pleine de lourdes et formidables cloches.

C'est là, qu'à cette heure, il repose

Au bruit du grand bourdon,
Et sur sa dalle unie ainsi qu'une palette,
Un vitrail criblé d'or et de soleil reflète
Encor ses tons rouges et forts, pareils à des brandons.

Il naquit en 1577 et trépassa en 1640.

ACHEVÉ D'IMPRIMER LE TRENTE
JUILLET MIL NEUF CENT DIX PAR
"THE ST. CATHERINE PRESS LTD."
CANAL, PORTE STE. CATHERINE,
BRUGES, BELGIQUE

www.ingramcontent.com/pod-product-compliance
Ingram Content Group UK Ltd.
Pitfield, Milton Keynes, MK11 3LW, UK
UKHW022148170726
13837UKWH00004B/1851

9 782329 328010